EL PODER DEL AQUÍ Y AHORA

Su santidad el dalái lama

en conversación con Noriyuki Ueda

EL PODER
DEL AQUÍ
Y AHORA

URANO

Argentina – Chile – Colombia – España
Estados Unidos – México – Perú – Uruguay

Título original: *BE HERE*
Editor original: Hampton Roads Publishing Company, Inc.,
Charlottesville, Virginia, EE UU
Traducción: Begoña Laka Mugarza

Graphic image of the Dalai Lama from www.vectorportal.com

1.ª edición Mayo 2021

Copyright © 2019 *by* Noriyuki Ueda
Published by arrangement with Hampton Roads Publishing Company, Inc.
All Rights Reserved
© 2021 de la traducción *by* Begoña Laka Mugarza
© 2021 *by* Ediciones Urano, S.A.U.
Plaza de los Reyes Magos, 8, piso 1.º C y D – 28007 Madrid
www.edicionesurano.com

ISBN: 978-84-17694-10-4
E-ISBN: 978-84-17981-88-4
Depósito legal: B-5.955-2021

Fotocomposición: Ediciones Urano, S.A.U.

Impreso por: Rotativas de Estella – Polígono Industrial San Miguel
Parcelas E7-E8 – 31132 Villatuerta (Navarra)

Impreso en España – *Printed in Spain*

El dalái lama es claro: si no hemos estudiado la historia pasada y no tenemos sentido alguno del futuro, ¿cómo podremos tener un «presente»?

En este amplio coloquio, el dalái lama habla de la naturaleza del vacío, de la compasión y el apego, y su objetivo es decirnos: «Hay que estar aquí y ahora».

NOTA DEL EDITOR

Apego. Vacío. Compasión. Existencia. Te encontrarás con estas palabras una y otra vez en las enseñanzas del dalái lama que se presentan en este libro de sabiduría.

Muchas prácticas y meditaciones budistas se centran en «estar en el momento presente». Pero, ¿qué quiere decir en realidad? ¿Cuál es el significado de *estar aquí ahora*?

El dalái lama nos habla del apego: a las cosas, a la gente, a los recuerdos, a las sensaciones de ira y resentimiento, a objetivos futuros. Apegarse quiere decir que no estamos *aquí, ahora*. Al contrario, vivimos allá donde el apego nos lleve.

Vacío. ¿Quiere decir que lo abandonemos todo? ¿Incluso lo que estamos pensando ahora mismo?

¿Cómo puede ayudarnos la comprensión del vacío a estar *aquí, ahora*?

El dalái lama es claro: si no hemos estudiado la historia pasada y no tenemos sentido alguno del futuro, ¿cómo podremos tener un «presente»?

En este amplio coloquio, el dalái lama habla de la naturaleza del vacío, de la compasión y el apego, y su objetivo es decirnos: «Hay que estar aquí y ahora».

Cuando estamos aquí, podemos practicar la compasión en el momento presente y centrarnos en la justicia social *ahora*. Cuando estamos aquí, ya no estamos apegados a nuestro pasado, ya no estamos estresados por el futuro, ya no estamos amarrados al sufrimiento.

Estar aquí significa encontrar la felicidad, la paz y la plenitud de la vida.

• • •

Este libro es el resultado de una entrevista que Noriyuki Ueda, un conocido escritor, académico y antropólogo cultural japonés, le hizo al dalái lama. Cuando era investigador invitado en el Centro de Estudios Budistas de la Universidad de Stanford, impartió un ciclo de veinte conferencias sobre budismo contemporáneo en cuyo transcurso los asistentes plantearon esta cuestión: ¿puede responder el budismo a los problemas del mundo en la actualidad?

Esta entrevista con el dalái lama supone una honda reflexión sobre esa cuestión.

AQUÍ

Ya pasaron los tiempos en que solo los monjes decidían cómo deberíamos practicar el budismo. Personas de toda condición (educadores, científicos, gestores) deberían reunirse para tratar sobre la renovación del budismo en nuestro tiempo.

Las enseñanzas de Buda tienen dos niveles: por una parte, la sabiduría y los medios hábiles, es decir, la comprensión de la verdad y la acción práctica *aquí y ahora*.

«Sabiduría» es el conocimiento de la causalidad o vacío; «hábiles» alude a la acción no violenta, a la práctica de la compasión.

¿Qué es el vacío? Es la visión de que todo fenómeno debe ser visto como mutuamente interdependiente. Esta idea constituye la esencia de la enseñanza de Nagaryuna sobre el «camino medio». Nada surge sin una causa.

Esto es lo contrario de la creencia cristiana en un creador divino de todas las cosas. Según el budismo todo se crea a partir de causas y efectos. La felicidad, el sufrimiento y todos los fenómenos surgen debido a causas específicas. Todas las cosas nacen de sus causas, no de sí mismas.

La causalidad significa que todas las cosas son interdependientes. El vacío no es la nada. Significa que todas las cosas existen en la causalidad. *Todas las cosas están vacías de una naturaleza propia*; no existen por sí mismas, son mutuamente interdependientes.

En el budismo, tanto la sabiduría del vacío como la práctica de la compasión son importantes. La compasión y la bondad son la esencia del budismo.

«LAS ENSEÑANZAS DE BUDA
TIENEN DOS NIVELES:
LA COMPRENSIÓN DE LA VERDAD
Y LA ACCIÓN PRÁCTICA AQUÍ
Y AHORA.»

VACÍO Y COMPASIÓN

¿Cuál es la conexión entre el vacío y la compasión? Algunos monjes budistas comprenden y exponen la doctrina del vacío y, sin embargo, carecen claramente de compasión por el sufrimiento de los seres sintientes. En ese caso, tal vez haya una comprensión de la verdad, pero no hay acción práctica.

Si una persona comprende de verdad el vacío, la compasión surge de forma natural, y si no surge, su comprensión del vacío puede ser imperfecta.

Vacío significa que todas las cosas son interdependientes, pero a menudo se malinterpreta como la nada. Si cultivamos nuestra comprensión del vacío, la compasión surge de forma natural, porque todas las cosas son interdependientes y están interconectadas a través de la causalidad.

«SI UNA PERSONA COMPRENDE
DE VERDAD EL VACÍO,
LA COMPASIÓN SURGE DE FORMA
NATURAL.»

Pero, ¿cómo surge de forma natural la compasión? Tras esta cuestión se oculta un problema muy delicado.

En relación con la comprensión del vacío hay cuatro escuelas filosóficas: la *sarvāstivāda*, la *sautrāntika*, la *yogachara* y la *madhyamaka*. Las dos primeras son filosofías *hinayana*, y las dos últimas son filosofías *mahayana* independientes. Aquellos que estudian el budismo *mahayana* deben conocer las cuatro. La cuarta, la *madhyamaka*, se divide a su vez en las escuelas *svatantrika* y la *prasangika*.

Para comprender el vacío profundo debemos entender la sutil diferencia entre las visiones del «no yo» enunciadas en las escuelas *yogachara*, *svatantrika* y *prasangika*. La interpretación del vacío más profundo y sublime según la escuela *prasangika* es que todas las cosas existen dependiendo de causas y condiciones.

En otras palabras, nada existe por sí mismo. La existencia se entiende más bien de forma que todas las cosas surgen dependiendo de causas y condicio- nes. Según este enfoque de causalidad, todas las cosas dependen de otras, y gracias a la causalidad podemos percibir la realidad.

El vacío se entiende como causalidad. Si vemos que el vacío se basa en la causalidad, el vacío no describe una nada en la que no existe nada tangible. Se trata de que todas las cosas surgen en este mundo según causas y efectos.

Mi primer punto es esta comprensión del vacío basado en la causalidad según la cual nada posee una naturaleza propia. Pero la mente de compasión no surge de esta mera comprensión.

Mi segundo punto es que una vez que conocemos el significado del vacío basado en la causalidad, somos capaces de ver que el sufrimiento de todos los seres vivos tiene su raíz en la mente de ignorancia, y que es posible acabar con esa ignorancia.

«TODAS LAS COSAS EXISTEN
DEPENDIENDO DE CAUSAS
Y CONDICIONES.»

«TODAS LAS COSAS DEPENDEN DE OTRAS, Y GRACIAS A LA CAUSALIDAD PERCIBIMOS LA REALIDAD.»

El vacío y la ignorancia son totalmente opuestos. La falta de comprensión del vacío y de la interdependencia es ignorancia, y a medida que se refuerza la convicción propia sobre el vacío, la mente de ignorancia va perdiendo su poder.

A través del cultivo de esta conciencia del vacío puede desaparecer la ignorancia, que es la fuente de nuestra confusión y de nuestro sufrimiento.

Vemos que los seres sintientes sufren a causa de esa ignorancia, y surge un sentimiento de compasión hacia ellos. Llegamos a ser capaces de ver la causa del sufrimiento humano. Vemos que, si acabamos con su causa, el sufrimiento desaparece y es así como surge la compasión.

Hay diversos niveles de comprensión del vacío, pero si percibimos de forma correcta el más profundo vacío basado en las enseñanzas de la escuela *prasangika*, vemos que la ignorancia puede ser disipada. Cuando vemos sufrir a los seres sintientes a causa de la ignorancia, se despierta en nosotros la mente de compasión.

«LA FALTA DE COMPRENSIÓN DEL VACÍO Y DE LA INTERDEPENDENCIA ES IGNORANCIA.»

«CULTIVANDO LA CONCIENCIA DEL VACÍO, LA IGNORANCIA (FUENTE DE NUESTRA CONFUSIÓN Y SUFRIMIENTO) PUEDE DESAPARECER.»

A los monjes que estudian profundos sutras y alcanzan altos niveles de conocimiento les resulta difícil sentir compasión ante el sufrimiento ordinario porque su conocimiento es académico.

Según el budismo, los seres humanos experimentan tres tipos de sufrimiento: el sufrimiento por dolor físico, el sufrimiento debido al cambio y el sufrimiento omnipresente.

De esos tres, los monjes eruditos suelen ser más conscientes de los conceptos más difíciles del sufrimiento debido al cambio y del sufrimiento omnipresente que del sufrimiento por dolor físico. Y cuando se enfrentan a esta clase de sufrimiento «inferior», les resulta más difícil sentir compasión.

¿Cómo es que hay personas que se dicen budistas y no sienten compasión alguna?

En el Tíbet, una abuela y un abuelo que ven un perro hambriento y enfermo sienten pena por él y le dan de comer, mientras que hay monjes que, en comparación, no albergan compasión alguna.

Esta es la experiencia vivida por Geshe Dorje Damdul. Se educó en la escuela *Tibet Children's Village School* para refugiados tibetanos, donde recibió una formación moderna occidental. Cuando cumplió veinte años ingresó en nuestro monasterio del sur de la India. Por tanto, conoce dos experiencias educativas muy diferentes.

Geshe reconoce que algunos monjes muy eruditos no llevan lo aprendido a la práctica. Por otra parte, hay monjes muy capaces de emplear su conocimiento académico para cultivar la mente de compasión. En ese caso su compasión es tan trascendente y profunda que no puede ser comparada con la compasión de la gente corriente.

Geshe estudió durante dieciséis años en el monasterio, y según su experiencia la vida monástica es muy diferente de la vida de la sociedad fuera del monasterio.

En el monasterio te sientes relajado, siempre tienes amigos que te ofrecen su ayuda. Pero una vez que lo abandonas, empiezas a ver poco a poco una enorme diferencia, como si no contaras con nadie cerca de ti y tuvieras que mantenerte por tus propios medios.

En el monasterio hay una gran cantidad de armonía, una increíble sensación de confianza, de seguridad y de felicidad.

Esa es la parte positiva (*risas*).

Pero admito que también hay una parte negativa. En los monasterios algunos eruditos nunca llegan a integrar su erudición en la práctica real, y a pesar de toda su educación y conocimientos, su falta de práctica puede hacerles comportarse de forma fría e indiferente. Pero solo hay unos pocos monjes con esos rasgos negativos. La mayoría de las personas en los monasterios aúnan el estudio y la práctica, y muchas de ellas poseen una profunda bondad basada en la sabiduría.

En el peor de los casos, en las instituciones monásticas hay monjes que llegan a ser muy eruditos, pero son incapaces de aunar el conocimiento con la práctica. Son muy elocuentes y hábiles en los debates, así que nadie se atreve a retarlos, pero su práctica carece de compasión y de bondad.

EL SUFRIMIENTO
Y EL CAMINO MEDIO

El camino medio es muy importante en el budismo, pero no quiere decir tan solo quedarse en el medio evitando los extremos.

El propio Buda nació príncipe en medio de una vida de placer mundano, pero más tarde renunció al mundo y se fue a vivir como un asceta, practicando el ayuno y la austeridad hasta casi morir. Pero no alcanzó la iluminación, por lo que salió del bosque, sanó su mente y su cuerpo y meditó hasta alcanzar la iluminación.

El camino medio significa evitar los extremos de placer y dolor, pero no quiere decir que desde un principio nos limitemos a permanecer en el medio.

«EL CAMINO MEDIO NO QUIERE
DECIR TAN SOLO QUEDARSE EN
EL MEDIO EVITANDO LOS
EXTREMOS...»

«...EL VERDADERO SIGNIFICADO DEL CAMINO MEDIO ES MOVERSE DE FORMA DINÁMICA ENTRE LOS EXTREMOS.»

En el budismo, el verdadero significado del camino medio es moverse de forma dinámica entre ambos, experimentar ambos.

Cuando estamos entre ambos extremos estamos aquí.

Muchos monjes y budistas en general no abordan la cuestión real del sufrimiento, piensan erróneamente que el camino medio supone sentarse cómodamente en el medio evitando los extremos y no hacer nada.

No basta con quedarse tranquilo meditando en el monasterio: debemos enfrentarnos al sufrimiento del mundo exterior.

«CUANDO ESTAMOS ENTRE AMBOS EXTREMOS ESTAMOS AQUÍ.»

Es insensato decir que el camino medio es ser indiferente a la realidad y ni siquiera conocer los extremos.

Buda enseñó que necesitamos paz. Sería natural preguntarnos por qué enseñó que la paz es importante.

¿Por qué?

Sabemos que la violencia causa sufrimiento. Así que podemos buscar la paz porque creamos que hay que acabar con la violencia para poner fin al sufrimiento.

Necesitamos la enseñanza de Buda y también un conocimiento basado en nuestra propia experiencia real.

Si vemos la vida de Buda, queda claro por qué enseñó el camino medio. El propio Buda lo enseñó a partir de su experiencia.

Buda renunció al mundo, partió en soledad para recibir una formación religiosa y practicó la austeridad durante seis años.

«SI VEMOS LA VIDA DE BUDA, QUEDA CLARO POR QUÉ ENSEÑÓ EL CAMINO MEDIO.»

Ayunaba a menudo, pero al fin se dio cuenta de que el ayuno y las fatigas físicas no eran suficientes. Vio que tenía que usar su inteligencia, así que dejó las prácticas ascéticas y empezó a comer de nuevo.

Cuando usó su inteligencia para cultivar la sabiduría alcanzó la iluminación por primera vez.

Primero debemos ser conscientes del sufrimiento. Aunque no lo busquemos, antes o después todos experimentamos sufrimiento y queremos ponerle fin.

Para eliminar el sufrimiento debemos comprender que las prácticas ascéticas físicas no bastan, que es esencial usar nuestra inteligencia para cultivar la sabiduría.

El propio Buda enseñó a partir de su experiencia, y nosotros también debemos empezar desde nuestra propia experiencia del sufrimiento.

«PARA UNA VIDA FELIZ, LO QUE NECESITAMOS AHORA MISMO SON VALORES INTERNOS.»

AMOR Y APEGO

La ciencia empieza a demostrar que los valores internos (*el dalái lama se lleva una mano al corazón*) son lo más importante para llevar una vida feliz. Son lo que necesitamos ahora mismo para nuestro bienestar físico, no solo para un bienestar espiritual.

Toda la sociedad vive confundida por los bienes materiales y ha perdido de vista lo que es valioso de verdad. Lo juzgamos todo a nivel material y no reconocemos ningún otro valor.

En las familias también se trata bien a los que ganan dinero y los que no lo ganan son tenidos por inútiles. Se trata mejor a los hijos que tienen la posibilidad de ganar mucho en el futuro, y se descuida a los hijos que no podrán hacerlo.

Algunos creen que como los niños discapacitados no sirven para nada, sería mejor eliminarlos. Lo mismo ocurre con los ancianos: como ya no ganan dinero, no reciben buen trato y comen los restos de la comida de los demás.

Tratamos a los animales de la misma manera. Se trata bien a las gallinas que ponen huevos, pero se sacrifica a los pollitos macho. También se sacrifica a las hembras que ya no ponen huevos. Y con las personas pasa lo mismo. Solo se valora a las personas útiles y se abandona a las que no lo son.

Nuestra sociedad está orientada hacia la juventud, y también podemos decir que está orientada hacia la utilidad. La civilización moderna reconoce a los que son útiles, no a los que son inútiles.

En una sociedad donde solo se trata bien a las personas útiles, debemos rezar para vivir poco tiempo (*une las palmas de las manos*). Cuando nos hagamos viejos, seremos inútiles (*estalla en carcajadas*).

Este es un problema global. Creo que la mayoría de las sociedades considera que el único camino es el dinero.

Los valores humanos más profundos y los amigos compasivos son lo más importante en la vida, pero la gente no se da cuenta.

Por ejemplo, en un hogar pobre lleno de afecto, todos son felices. Pero en un hogar de millonarios, si los miembros de esa familia son envidiosos, recelosos y faltos de amor mutuo, seguirán siendo infelices tengan el dinero que tengan, tengan los bienes que tengan.

Este ejemplo muestra con claridad la diferencia entre los valores superficiales y los valores más profundos y elevados.

El afecto y la bondad que los seres humanos poseemos en origen son los valores más profundos, el fundamento de todos los valores humanos.

Una vez que contamos con ese fundamento, los valores superficiales relacionados con el dinero y las posesiones materiales podrán contribuir a la felicidad. Si carecemos de él, esos valores superficiales no tendrán sentido alguno.

¿Cómo podemos entonces diferenciar el amor del apego? Algunos padres creen que tener un «buen hijo» prueba que son padres cariñosos. Creen que si envían a su hijo a una buena escuela es porque aman a ese hijo.

Ir a una buena escuela no es malo, por supuesto, pero si los padres deciden que su hijo vaya a una buena escuela movidos por un amor condicional, ¿no se trata más bien de un control que se hace pasar por amor?

Los hijos no son propiedad de los padres. Cuando los padres los tratan como si fuesen una propiedad, eso es apego, no amor. Utilizan el amor condicional para controlar a sus hijos.

«¿CÓMO PODEMOS DIFERENCIAR EL AMOR DEL APEGO? ES LA DIFERENCIA ENTRE LOS VALORES MÁS PROFUNDOS Y LOS SUPERFICIALES.»

No solo están apegados a sus hijos; también a una imagen de sí mismos como padres de un buen hijo. Esa clase de relación no es amor verdadero.

Esa es la diferencia entre el amor condicional y el amor incondicional.

Creo que el amor verdadero se entrega exactamente igual a un hijo brillante y a un hijo discapacitado. De hecho, creo que un niño discapacitado recibiría por naturaleza más amor, más cuidados. Pero si el amor no es genuino, si es condicional, un niño discapacitado será considerado inútil y no será amado.

Creo hasta cierto punto que los animales también se comportan como los padres que aman con amor condicional. Algunos pájaros dan más comida a los pollos más grandes del nido. He observado que los búhos y las águilas no dan la misma cantidad de comida a los pollos grandes y pequeños.

«SI LOS PADRES TRATAN A SUS HIJOS COMO UNA PROPIEDAD, SI SOLO VALORAN SUS LOGROS, ESO ES APEGO, NO AMOR.»

Como alimentan más a los pollos más grandes, yo temía que tal vez el pollo pequeño acabaría por morir. Quizá en el mundo animal hacen diferencias entre sus crías de la misma forma que lo hacen los humanos. No lo sé.

En el caso de los perros y los gatos, de los cachorros y los gatitos, ¿cómo tratan las madres a la cría más fuerte en comparación con la más débil?

No lo sé, pero me interesa mucho saberlo. Si le dan más comida a la cría más grande y fuerte y menos a la cría más débil, están haciendo diferencias según el valor de las crías. Los animales se comportan así a causa de factores biológicos.

Las hembras de los animales también suelen preferir a los machos más grandes para tener crías más sanas y fuertes. Prefieren a los machos grandes movidas por un instinto biológico de propagar la especie y tener crías mejores.

«TENDEMOS A VALORAR A LAS PERSONAS SEGÚN SU UTILIDAD.»

Los ciervos luchan por las hembras y el ganador tiene un aspecto majestuoso, mientras que el perdedor se retira con un aspecto de gran decepción (*risas*). Todas estas cosas tienen una base biológica.

De la misma forma, si una madre humana tiene varios hijos, el hecho de que trate mejor al más fuerte tiene un origen biológico. Y si ve que el hijo o la hija más débil es inútil y no lo cuida mucho (dejando a un lado lo que acabamos de decir sobre el dinero y el valor de un hijo), me pregunto si ese comportamiento no tiene una base biológica.

¿QUÉ ES LA CIVILIZACIÓN?

Si la cultura es un tipo de patrón fijo de comportamiento, podemos decir que la cultura existe en el mundo animal, pero la civilización es más compleja.

En el ámbito animal todo está gobernado por factores físicos. En el ámbito humano, en las épocas antiguas estábamos más cerca del mundo animal, donde mandaba la fuerza física. Solo importaba el físico.

Pero a medida que se desarrolló la civilización, la inteligencia humana se hizo dominante. Gracias a la inteligencia humana la vida ha avanzado, se ha hecho más sofisticada, y ese desarrollo social es lo que llamamos civilización.

En otras palabras, el concepto de civilización está profundamente conectado con los valores humanos, o al menos con nuestra inteligencia. Así que el triunfo del fuerte sobre el débil desde el punto de vista físico se ha vuelto menos relevante.

La inteligencia es un rasgo único que posee el ser humano, y en una civilización el campo de la inteligencia es superior al campo de lo físico. Así como la inteligencia humana desempeña un papel importante, también lo hacen el afecto verdadero y la bondad que todo ser humano posee.

Los valores humanos básicos más importantes, el afecto y la bondad, existen en otro ámbito diferente al del intelecto.

En una civilización basada en el ámbito intelectual, el intelecto tiene un papel mayor, y tendemos a evaluar y a seleccionar a las personas según su utilidad.

«EL CONCEPTO DE CIVILIZACIÓN ESTÁ PROFUNDAMENTE CONECTADO CON LOS VALORES HUMANOS.»

«LOS VALORES HUMANOS
BÁSICOS MÁS IMPORTANTES,
EL AFECTO Y LA BONDAD,
EXISTEN EN OTRO ÁMBITO
DIFERENTE AL DEL INTELECTO.»

«UNA CIVILIZACIÓN BASADA EN EL ÁMBITO INTELECTUAL TIENDE A EVALUAR Y A SELECCIONAR A LAS PERSONAS SEGÚN SU UTILIDAD.»

Pero si usamos únicamente el criterio intelectual, descuidamos nuestros atributos primigenios de afecto y bondad y elegimos valorar solo cosas que sean útiles, existe el peligro de que ese criterio sea el legado que deje nuestra civilización.

Quisiera explicar lo que quiero decir cuando hablo de civilización.

A partir de una sociedad animal en la que dominaba la fuerza física, la inteligencia humana creó lo que llamamos «civilización», que superó la ley animal de la jungla.

Pero dado que el intelecto tiende a valorar las cosas según su utilidad, apareció una nueva forma de discriminación. Al basarnos solo en nuestro criterio intelectual, nos arriesgamos a reprimir el afecto y la bondad, que son nuestros atributos más elementales como animales humanos.

Sin embargo, si miramos hacia atrás en la historia humana, aquellos con mayor fuerza física no siempre fueron los más poderosos.

«AL BASARNOS SOLO EN NUESTRO CRITERIO INTELECTUAL, NOS ARRIESGAMOS A REPRIMIR EL AFECTO Y LA BONDAD, QUE SON NUESTROS ATRIBUTOS MÁS ELEMENTALES COMO ANIMALES HUMANOS.»

La sociedad humana en sus inicios era una sociedad de cazadores-recolectores: una sociedad totalmente igualitaria. Si un cazador traía una presa, esta se dividía de forma igual entre todos los miembros de la comunidad. De hecho, este es el mejor método para asegurar la supervivencia de toda la comunidad.

Está claro que entonces no podían conservar la carne. Si yo mataba un gran ciervo y lo guardaba para que solo pudiese comerlo mi familia, sobraría una parte que se echaría a perder.

La manera más lógica de lograr que sobreviviera la comunidad era que cuando yo conseguía una presa la repartiera de forma equitativa entre todos, y cuando otros la consiguieran hiciesen lo mismo.

Dado que las sociedades de cazadores-recolectores seguían este método de distribución igualitaria, no había casi diferencias entre las personas que tenían poder y las que no lo tenían.

Pero la llegada de la agricultura transformó las sociedades humanas. Las sociedades agrícolas se instalaban en un lugar y así podían almacenar el grano cosechado, tener posesiones, objetos del hogar y muebles.

En las sociedades agrícolas, la distancia entre ricos y pobres se ensanchó de forma drástica y apareció una clara distinción entre las personas con poder y las que no lo tenían.

A medida que se hacía posible acumular riqueza, se establecieron instituciones muy poderosas y empezaron a formarse las llamadas cuatro grandes civilizaciones de la antigüedad.

La llegada de la agricultura hizo aparecer la idea de la propiedad personal. Para sobrevivir, en vez de repartir los recursos de forma equitativa entre todos los miembros de la comunidad, era más seguro que cada cual acumulara sus propios recursos.

Al final la gente empezó a luchar por el poder y la riqueza, y esas luchas marcaron el inicio del conflicto y la guerra sistemática.

Así que podría decirse que la tendencia a que el fuerte dominase al débil no existía antes de la llegada de la civilización.

Pero eso no es totalmente cierto.

Creo que, como ocurre con los animales, incluso dentro de una sociedad cazadora el animal más fuerte se queda con más carne. Cuando una leona mata un animal, el león fanfarronea, echa a todos y disfruta él solo de la presa. El más fuerte se lleva una parte mayor. Creo que eso mismo ocurría entre los seres humanos primitivos.

Pero los seres humanos tienen una mayor conciencia de la sociedad en comparación con otras sociedades animales. La vida de cada uno depende de la comunidad.

Desde el punto de vista de la antropología cultural, el término «civilización» se refiere a las cuatro grandes civilizaciones en torno a los ríos Nilo, Tigris-Éufrates, Indo y Amarillo. Se asume que antes de esas sociedades no existía la «civilización».

Pero en el mundo animal existe la civilización. Empleo la palabra civilización para referirme a un sistema de conciencia individual y de la sociedad gobernado por la inteligencia tanto en los animales como en los humanos, que trasciende la naturaleza animal de ambos.

Las sociedades de cazadores-recolectores y su práctica de distribución igualitaria señalan un periodo de la historia en el que existía un equilibrio entre el intelecto y los valores básicos humanos del afecto y la bondad.

Hace cuatro o cinco millones de años los monos bajaron de los árboles, empezaron a caminar erguidos y dieron un gran paso hacia su transformación en humanos.

«UNA CIVILIZACIÓN ES UN SISTEMA DE CONCIENCIA INDIVIDUAL Y DE LA SOCIEDAD GOBERNADO POR LA INTELIGENCIA TANTO EN LOS ANIMALES COMO EN LOS HUMANOS, QUE TRASCIENDE LA NATURALEZA ANIMAL DE AMBOS.»

Aquellos primeros humanos fueron llamados pitecántropos. Después llegaron los humanos primitivos representados por el hombre de Pekín y el hombre de Java. Los seres humanos actuales descienden del hombre de Cromañón.

Esas categorías no implican una evolución lineal, pero nos dan una visión general del proceso.

Las sociedades cazadoras-recolectoras que he mencionado estaban integradas por hombres de Cromañón, cuyo medio de vida era la caza y la recolección.

La era que la antropología considera anterior a la civilización, en la que predominaba el instinto animal, se corresponde con la época en que vivió el pitecántropo y otros seres humanos primitivos que vinieron tras él. Dado que esas sociedades empleaban el fuego y diversas herramientas, estaban ya alejadas de los animales salvajes, pero aquellos seres humanos eran aún muy parecidos a los animales.

Tras esa época, sin embargo, la conciencia humana evolucionó con rapidez. El cerebro se desarrolló y su capacidad creció hasta la de los humanos actuales. Eso llevó al despertar del intelecto.

Por ejemplo, se descubrieron los restos de un hombre de Neandertal (especie ya extinta) que había vivido varios años con una pierna rota. Aunque estaba discapacitado, había recibido ayuda de amigos. Había comenzado la era de la ayuda mutua.

Este periodo fue también revolucionario porque apareció por primera vez la conciencia de la muerte en los seres humanos. Empezaron a enterrar a sus muertos. Se hicieron conscientes de la muerte y del mundo tras la muerte. Esa conciencia fue también el descubrimiento de la «vida».

Ser consciente de la muerte suponía ser consciente de que estaban vivos, lo contrario de la muerte. A medida que empezamos a observar la distinción básica entre la vida y la muerte, nos hicimos más conscientes del hecho de estar vivos. El intelecto se basa en la conciencia que hace diferencias, y la más elemental de esas diferencias es la que se da entre la vida y la muerte.

Durante mucho tiempo se pensó que el hombre de Neandertal era el antecesor directo de la raza humana, pero los análisis genéticos han desechado esa idea. Ahora la teoría dominante es que el hombre de Neandertal se extinguió porque no pudo adaptarse a los cambios medioambientales.

De cualquier modo, en ese periodo empezó a desarrollarse el intelecto en los seres humanos, y estos superaron la etapa en la que el más fuerte dominaba al débil. Las sociedades cazadoras-recolectoras se basaban en la ayuda mutua y la distribución igualitaria de los recursos.

Resumiendo esta historia de la raza humana, la «civilización» de la que hablo es un periodo en el que los seres humanos trascendieron el dominio del fuerte sobre el débil y se hicieron con un intelecto, pero aún mantenían los atributos básicos de afecto y bondad.

«EL INTELECTO SE BASA EN LA CONCIENCIA QUE HACE DIFERENCIAS, Y LA DIFERENCIA MÁS ELEMENTAL ES ENTRE LA VIDA Y LA MUERTE.»

Con el cambio a una sociedad agrícola, sin embargo, empezaron a sembrar semillas en primavera y a cosechar en otoño y se hicieron conscientes del tiempo. Ser consciente del tiempo significa no vivir en el aquí y el ahora.

A medida que el intelecto se hacía dominante, la gente empezó a hacer diferencias basadas en la utilidad, y se aceptó la violencia intelectual de aquellos que mataban a otros en búsqueda del poder y la riqueza.

Pero las sociedades agrícolas aún tenían un fuerte sentido de comunidad que eliminaba los males causados por el intelecto.

Sin embargo, con el desarrollo de las sociedades industriales el poder de la comunidad declinó y la gente se olvidó de que eran animales sociales.

Empezamos a vernos, erróneamente, como individuos que viven vidas separadas, y ya no era posible poner freno al insensato dominio del intelecto.

Y de ese modo quedaron ocultos nuestros atributos humanos más elementales de afecto y bondad.

EL AMOR Y
NUESTRO INNATO
PODER SANADOR

No somos solo animales, somos animales que poseen un intelecto. Esta capacidad intelectual ha creado la civilización, pero también nos ha traído mucho sufrimiento.

La mayoría de nuestros problemas espirituales se deben a nuestra sofisticada inteligencia y a nuestra poderosa imaginación. La ciencia y la tecnología nos han dado esperanzas ilimitadas. Y, en consecuencia, a veces olvidamos nuestra naturaleza básica como seres humanos.

Nuestra naturaleza básica como seres humanos proviene de nuestra naturaleza básica como mamíferos.

«LA CAPACIDAD INTELECTUAL
HA CREADO LA CIVILIZACIÓN,
PERO TAMBIÉN NOS HA TRAÍDO
MUCHO SUFRIMIENTO.»

«LA MAYORÍA DE NUESTROS PROBLEMAS ESPIRITUALES SE DEBEN A NUESTRA SOFISTICADA INTELIGENCIA Y A NUESTRA PODEROSA IMAGINACIÓN.»

«EN CONSECUENCIA, A VECES OLVIDAMOS NUESTRA NATURALEZA BÁSICA COMO SERES HUMANOS.»

Tomemos como ejemplo el moderno sistema de asistencia sanitaria. Cuando una persona enferma, la medicina tibetana intenta buscar aumentar el poder sanador natural e inherente al cuerpo. Pero la cirugía occidental busca extraer la parte del cuerpo que no funciona, como si se tratara de arreglar una máquina

Cuando una máquina se rompe, no puede arreglarse por sí misma. Así que, en el caso de la máquina, hay que quitar la pieza rota y tirarla.

Pero nuestros cuerpos no son máquinas. Aunque el cuerpo humano esté dañado, enfermo o herido, contiene el poder natural de sanar por sí solo.

Cuando confiamos demasiado en la ciencia y en la tecnología moderna, nuestro estilo de vida se vuelve el de una máquina y nos alejamos de nuestra naturaleza humana básica.

A una persona que se ha convertido en una máquina no le queda espacio para cultivar el afecto o la compasión hacia los demás. Somos todo conocimiento, pero nos falta compasión.

«CUANDO CONFIAMOS DEMASIADO EN LA TECNOLOGÍA MODERNA, NUESTRO ESTILO DE VIDA SE VUELVE EL DE UNA MÁQUINA...»

«...Y NOS ALEJAMOS DE NUESTRA NATURALEZA HUMANA BÁSICA.»

Cuando cooperamos con otros, cuando conectamos unos con otros gracias a una confianza mutua, cuando estamos llenos de amor y compasión, nuestro sistema inmunitario es vigoroso.

Cuando los demás nos traicionan o nos sentimos abandonados, cuando nos sentimos enojados y tristes por la forma en que los demás nos tratan, el poder de nuestro sistema inmunitario se reduce de forma drástica.

Un sentimiento de soledad unido a uno de impotencia debilita el sistema inmunitario más que ninguna otra cosa.

Cuando nos sentimos solos y abandonados y no podemos hacer nada por evitarlo, cuando nos abandonan el amor y la compasión, las defensas del cuerpo se reducen al mínimo.

Entonces podemos enfermar con facilidad, y pueden desarrollarse enfermedades como el cáncer que el sistema inmunitario ha mantenido bajo control.

La ciencia ya ha demostrado que la salud mental y la salud física están estrechamente relacionadas.

Este es un argumento muy poderoso en favor de la importancia de la paz mental, de la compasión y de la bondad.

En una sociedad industrializada como la japonesa, no basta con estudiar los textos y las enseñanzas budistas. Debemos esforzarnos por relacionar esas enseñanzas con el conocimiento científico.

El miedo, la ansiedad y el estrés debilitan el sistema inmunitario. Algunos científicos ya han mostrado que la ira corroe el funcionamiento del sistema inmunitario.

Por otra parte, un estado relajado de compasión y bondad nos da paz interna, sustenta y aumenta el funcionamiento del sistema inmunitario.

Esos hechos científicos demuestran lo importantes que son los valores internos para las personas que viven en la sociedad moderna.

Estos valores internos no pueden ser generados por la medicina, por inyecciones ni por máquinas.

La única manera es que nos demos cuenta de la importancia de estos valores y que nos esforcemos por cultivarlos.

Ahora lo más importante es investigar estas ideas en el laboratorio de nuestra mente, en especial todo lo relacionado con las emociones.

Para eso, la tradición budista ofrece recursos muy ricos. El budismo describe las diferentes emociones y explica en detalle cómo lidiar con emociones negativas y cómo cultivar las positivas. De esa forma, el budismo llega a ser relevante para nuestra vida diaria.

«DEBEMOS DARNOS CUENTA DE LA IMPORTANCIA DE ESTOS VALORES Y ESFORZARNOS POR CULTIVARLOS.»

UN BUDISMO
PARA EL MUNDO
MODERNO

El budismo no consiste solo en recitar sutras, también está conectado con el conocimiento científico sobre la conexión entre el sistema inmunitario y un estado interno de bondad de la que hemos hablado.

Pero, ¿qué sentido tiene el budismo hoy, y cómo hacerlo relevante para la sociedad moderna? No debe quedarse encerrado en el mundo religioso, debe integrarse en la vida diaria.

El siguiente dicho es revelador: «Hagas lo que hagas y por muchos sutras que recites, si no va acompañado de la iluminación renacerás en forma de serpiente».

La mente de la iluminación no es un mero conocimiento, sino una cualidad mental innata. La sentimos, la experimentamos en lo más profundo de nuestro ser.

Las ceremonias, los rezos, los mantras y las recitaciones de los sutras no son suficientes. Recitar el *Sutra del corazón* no se diferencia en sí de poner una casete (*risas*) si no se hace con una mente iluminada.

Es cierto que hay monjes no iluminados que recitan como una casete. Algunos dicen que recitar el *Sutra del corazón* tiene poderes mágicos, y creen de verdad que el sonido de las palabras de ese sutra encierra un misterio.

Creo que en alguna circunstancia especial el hecho de escuchar el sonido tiene en sí efectos positivos. Pero también ayudaría a los animales, ¿no? Aunque un animal no tuviera el karma necesario para que produjera efectos positivos, ¿crees que escuchar el sutra lo ayudaría?

«LA MENTE DE LA ILUMINACIÓN NO ES UN MERO CONOCIMIENTO, SINO UNA CUALIDAD MENTAL INNATA.»

«RECITAR EL SUTRA DEL CORAZÓN NO SE DIFERENCIA EN SÍ DE PONER UNA CASETE SI NO SE HACE CON UNA MENTE ILUMINADA.»

Para llegar a ser un *tathagata* (literalmente, «llegado así a la unidad», el epíteto de un Buda), se debe haber acumulado tanto virtud como sabiduría. Ambas deben estar presentes. Son lo mismo.

Para hacer revivir el budismo, debemos renovarlo. Para hacerlo, el budismo debe ser explicado a fondo a partir de la base de la investigación científica. Creo que es la forma correcta de hacerlo.

Primero la comunidad budista debería tener un conocimiento más profundo del funcionamiento del sistema budista. Y luego esta práctica debería ser estudiada a fondo según los hallazgos científicos para que sea real y convincente.

Los monjes deberían guiar a otras personas en el estudio del budismo.

Por esa razón, los propios monjes, en primer lugar, deben poner más énfasis en la importancia del estudio.

Los monjes deberían servir de ejemplo de buenos seres humanos por su práctica religiosa.

«PARA LLEGAR A SER UN BUDA, SE DEBE HABER ACUMULADO TANTO VIRTUD COMO SABIDURÍA.»

Si los monjes llegan a ser ejemplares, la gente empezará a estudiar y a practicar el budismo.

Estos cambios no son nada nuevo. No se trata de una reforma, sino de una renovación.

LA RESPONSABILIDAD PERSONAL

En la tradición tibetana tiene una gran importancia el yoga del gurú. Un aspecto negativo del yoga del gurú es que anima a tener una actitud de confianza total en el gurú, y eso tiene el riesgo de crear una dependencia excesiva del gurú.

Alguien me preguntó una vez qué significa tomar refugio (en los tres tesoros del budismo: Buda, el dharma y la sangha).

La cuestión es si tomar refugio significa pasar a depender totalmente de algo, perder tu independencia.

Pero en el budismo, sobre todo en la tradición *mahayana*, tomar refugio significa que aspiramos a ser como Buda, y ese es un acto de gran orgullo individual, no nos hace dependientes.

«EN EL BUDISMO ASPIRAMOS A
SER COMO BUDA. ESE ES UN
ACTO DE GRAN ORGULLO
INDIVIDUAL, NO NOS HACE
DEPENDIENTES.»

Sin embargo, en las religiones que aceptan la existencia de Dios, todo es creado por Dios y está determinado por Dios. Dios es grande, yo no soy nada.

Según esa forma de pensar, el individuo no puede actuar de forma autónoma porque es totalmente dependiente del Dios creador y Dios lo decide todo.

Esa forma de pensar es muy útil para algunos, pero desde el punto de vista budista, desanima de tener confianza en uno mismo, de tener el orgullo y el poder creativo de realizar cosas.

Buda enseñó que en último término tú mismo debes llegar a ser un Buda. Y él mismo fue primero una persona corriente como nosotros. Él nos da ejemplo al practicar hasta alcanzar la budeidad.

«BUDA ENSEÑÓ QUE EN ÚLTIMO TÉRMINO TÚ MISMO DEBES LLEGAR A SER UN BUDA. Y ÉL MISMO FUE PRIMERO UNA PERSONA CORRIENTE COMO NOSOTROS.»

ESTAR AQUÍ

EPÍLOGO

COMENTARIOS DE NORIYUKI UEDA

En el curso de mi entrevista con el dalái lama, me di cuenta por vez primera del significado de que él sea la encarnación viva de Avalokiteshvara y, sobre todo, del porqué de su existencia.

Es bien sabido que el dalái lama se reencarna en sucesivas formas humanas. Cuando muere un dalái lama, se forma un equipo para encontrar al siguiente que recorre todo el Tíbet en busca del niño que es su siguiente reencarnación. El decimocuarto dalái lama fue descubierto cuando tenía tres años como la reencarnación del decimotercero dalái lama. Un dalái lama reencarnado es también la encarnación de Avalokiteshvara.

Cuando acaba una vida de Avalokiteshvara en forma de ser humano, reaparece en otra forma humana.

Desde mi punto de vista, el de un japonés, todo esto suena algo extraño y lo es más aún para los occidentales.

Hace muchos años, la primera vez que me reuní con el dalái lama en persona en una conferencia internacional, los participantes occidentales lo miraban fascinados por «el misterio oriental» que representaba para ellos.

Pero, ¿por qué se reencarna el dalái lama? ¿Por qué se manifiesta el bodhisattva Avalokiteshvara en persona? Muchos opinan que la causa es la creencia de la sociedad tibetana en la reencarnación. Todos los seres vivos se reencarnan y también lo hacen el dalái lama y los bodhisattvas.

«¿POR QUÉ SE REENCARNA EL DALÁI LAMA?»

Pero Buda es el único en salir del ciclo de nacimiento y muerte. La vida es sufrimiento y la reencarnación es la continuación del sufrimiento. Solo Buda se libra del renacimiento y del sufrimiento y alcanza la liberación del nirvana.

Sin embargo, Avalokiteshvara se reencarna porque quiere hacerlo.

Avalokiteshvara es el bodhisattva que hizo ante el buda Amitabha el voto de salvar a todos los seres sintientes. Es el bodhisattva que salva a los seres sintientes desde hace eones de tiempo hasta que al fin alcanza la iluminación y Amitabha lo invita a convertirse en un buda.

Pero Avalokiteshvara rechaza esa invitación y responde: «Quiero estar apegado a ayudar a los seres sintientes. No me convertiré en un buda, seguiré regresando como bodhisattva hasta que haya salvado a todos los seres del sufrimiento.

«AVALOKITESHVARA ES EL BODHISATTVA QUE HIZO ANTE EL BUDA AMITABHA EL VOTO DE SALVAR A TODOS LOS SERES SINTIENTES.»

»En lugar de alcanzar la liberación y convertirme en un buda, quiero seguir renaciendo para salvar a los seres sintientes...»

El dalái lama no se limita a renacer. El voto del bodhisattva, salvar del sufrimiento a los seres sintientes, se manifiesta bajo la forma del dalái lama. Él pone el acento en un apego positivo que merece la pena conservar, porque él mismo es la manifestación del apego del propio Avalokiteshvara.

Sin el apego por salvar a todos los seres sintientes, el dalái lama no existiría.

Esa voluntad es la que hace que renazca el dalái lama. Hay una voluntad anterior al nacimiento y a la muerte. Hay una voluntad anterior a la existencia. Eso es un bodhisattva.

Pero Avalokiteshvara no solo se reencarna para poder heredar una tradición antigua.

Para salvar a los seres sintientes, el budismo debe adaptarse a su época. Un bodhisattva debe esforzarse en aprender sin cesar, aprender, aprender.

Debe estudiar profundamente las viejas tradiciones y también la sociedad moderna, la ciencia actual.

Debe encontrar maneras de hacer que las enseñanzas budistas tradicionales respondan a las necesidades de la sociedad moderna, y debe estudiar sin descanso el papel que desempeña el budismo en su tiempo. Si no lo hace, no podrá salvar a nadie.

El propio dalái lama debe ser hondamente consciente de lo impotente que es el budismo cuando no se adapta a los tiempos, lo impotente que es un bodhisattva cuando no puede dirigirse a la sociedad en la que vive.

En su autobiografía, *Libertad en el exilio: autobiografía del dalái lama* (Plaza & Janés, Barcelona, 1991), él mismo describe así su juventud:

«UN BODHISATTVA DEBE ESFORZARSE EN APRENDER SIN CESAR, APRENDER, APRENDER.»

«DEBE ENCONTRAR MANERAS DE HACER QUE LAS ENSEÑANZAS BUDISTAS TRADICIONALES RESPONDAN A LAS NECESIDADES DE LA SOCIEDAD MODERNA.»

Cuando residía en el Tíbet, ser el dalái lama tenía, por supuesto, un gran significado. Quiero decir que yo llevaba una vida muy alejada de las penurias y dificultades de la gran mayoría de mi pueblo. Allá donde fuera me acompañaba un séquito de sirvientes. Estaba rodeado de ministros y consejeros del Gobierno que llevaban lujosos ropajes de seda, hombres que provenían de las más excelsas y aristocráticas familias del país. Mis compañeros diarios eran brillantes eruditos y expertos religiosos de elevada realización.

Cuando el dalái lama era niño, el verdadero poder político lo detentaban regentes a menudo corruptos o que solo buscaban un beneficio personal. Su falta de previsión y su ignorancia de la revolución ocurrida hicieron posible la invasión china.

Las enseñanzas budistas tampoco pudieron detener la invasión.

Esta sensación de impotencia aparece con claridad en la autobiografía del dalái lama.

Por muy profunda que sea una enseñanza, si no se adapta a su tiempo no tendrá capacidad alguna para ayudar a los que sufren.

El dalái lama debió sentirse impotente, pero no dejó que esa sensación lo dominase. Siendo Avalokiteshvara, ¿qué podía hacer para aliviar el sufrimiento humano? En ese momento, se deshizo del envoltorio de la persona que había sido hasta entonces.

Dejó de reinar desde lo alto de una pirámide donde solo hablaba con personas que lo reverenciaban.

Empezó a entablar diálogos en pie de igualdad con científicos, políticos y otros líderes religiosos a fin de verificar la lógica de las enseñanzas budistas.

Se exprimió al máximo en la búsqueda del papel que el budismo podía desempeñar en el mundo, y se enfrentó a debates en los que podía salir derrotado.

«POR MUY PROFUNDA QUE SEA UNA ENSEÑANZA, SI NO SE ADAPTA A SU TIEMPO NO TENDRÁ CAPACIDAD ALGUNA PARA AYUDAR A LOS QUE SUFREN.»

Esta postura es exactamente la contraria a la actitud de muchas personas religiosas que se sienten también impotentes, pero nunca se prestan a un debate si no están seguras de ganarlo y de poder exhibirse.

El objetivo del budismo no era alimentar el poder del dalái lama, sino tan solo ayudar a la humanidad.

Cuando oímos que el dalái lama es la encarnación viviente de Avalokiteshvara, solemos pensar que es una idea perteneciente a una tradición vieja y anticuada.

Pero precisamente ser la encarnación de Avalokiteshvara ha llevado al dalái lama a situarse en la vanguardia de la sociedad moderna.

Cuando visitó la Universidad de Stanford en 2005, pasó una de las tres jornadas del programa en un simposio con destacados neurocientíficos de la Facultad de Medicina. En esa reunión debatieron ampliamente sobre la forma en que surgen el deseo, el apego y el sufrimiento. El dalái lama participa de forma activa en diálogos con líderes de todo el mundo.

En sus ochenta años de vida ha conocido la época feudal, la modernidad y la posmodernidad. Fue educado como un monarca feudal, pero en el exilio ha promovido la modernización política y religiosa.

Defiende una sociedad basada en el afecto y la bondad que ocupe el lugar del frío sistema social actual.

Este afecto y esta bondad no suponen una mera recuperación de los valores tradicionales. No es un movimiento que intente restaurar lo que se ha perdido; se trata de manifestar un afecto y una bondad desarrollados siguiendo la modernización y adecuados para nuestra época.

Avalokiteshvara, cuya vida se extiende desde la época feudal a los tiempos posmodernos, no es otro que el dalái lama en persona.

Él está aquí, ahora.

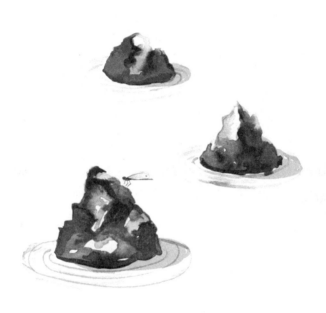

SOBRE EL AUTOR

Su santidad el decimocuarto dalái lama, Tenzin Gyatso, es el líder temporal y espiritual del pueblo tibetano. Es autor de numerosos libros sobre budismo y filosofía, y ha recibido múltiples galardones internacionales, incluido el Premio Nobel de la Paz de 1989.

SOBRE LOS AUTORES

Tenzin Gyatso, su santidad el decimocuarto dalái lama, es el líder espiritual en el exilio del pueblo tibetano. Fue galardonado con el Premio Nobel de la Paz en 1989.

Noriyuki Ueda es un conocido escritor, académico y antropólogo cultural japonés. En 2006 fue investigador invitado en el Centro de Estudios Budistas de la Universidad de Stanford, donde impartió un ciclo de veinte conferencias con el tema «El budismo hoy: respuestas a los nuevos retos globales».